P9-EEE-589

Lemas
para vivir

Las ediciones en español
publicadas por

Blue Mountain Press ™

A mi hija, con amor,
sobre las casas
importantes de la vida
por Susan Polis Schutz

Antologías:
Cree siempre en ti y en tus sueños

En tu alma hay nobleza, hijo mío

Lemas para vivir

El matrimonio es una promesa de amor

La verdadera amistad
siempre perdura en el corazón

A veces, la vida puede ser dura
...pero todo saldrá bien

Mamá, te agradezco por tu gran amor

Lemas para vivir

para vivir

Una antología de poesías
editada por Susan Polis Schutz

Blue Mountain Press®

Boulder, Colorado

Derechos de autor © Stephen Schutz y Susan Polis Schutz, 1991, 1997.
Derechos de autor © Blue Mountain Arts, Inc., 1993.

Todos los derechos reservados. Ninguna parte de este libro podrá ser reproducida en manera alguna sin el consentimiento escrito de la editorial.

ISBN: 0-88396-453-8

Los RECONOCIMIENTOS aparecen en la página 64.

El diseño de la portada de este libro está registrado ante la Oficina de Patentes y Marcas de Estados Unidos.

Elaborado en los Estados Unidos de América
Segunda Impresión en Español: Julio de 1999

Este libro está impreso en papel vergé de alta calidad, de 80 lbs, estampado en seco. Este papel ha sido producido especialmente para estar libre de ácido (pH neutral) y no contiene madera triturada ni pulpa no blanqueada. Cumple todos los requisitos de American National Standards Institute, Inc., lo que garantiza que este libro es duradero y podrá ser disfrutado por generaciones futuras.

Blue Mountain Press ®

P.O. Box 4549, Boulder, Colorado 80306

INDICE

Un lema para vivir

Cuando el mundo te deprima,
observa lo que te rodea con objetividad.
Avanza de manera positiva;
   no te dejes caer en
      una visión negativa.
Mira las cosas tal y como son.
No permitas que las trivialidades te distraigan.
Haz lo que puedas, como puedas,
   con los recursos que tienes
      a tu disposición.
No menosprecies tus esfuerzos;
   cuentas con la fortaleza interior
      para cambiar lo que sea necesario.
Enfréntate a la situación con la intención
   de remediarla; haz lo que necesites para
      resolverla y dejarla atrás.
Avanza en dirección a la felicidad;
   encamínate hacia tus sueños
      y alcanza tu estrella.

Y recuerda que eres tú
   quien lleva las riendas.

— Collin McCarty

Sólo nosotros sabemos
lo que es bueno para nosotros

No debemos escuchar
lo que los demás
quieren que hagamos.
Debemos escucharnos
a nosotros mismos.
No necesitamos seguir
los caminos ajenos
y no necesitamos
fingir ciertos estilos de vida
para impresionar a los demás.
Sólo nosotros sabemos
y sólo nosotros podemos hacer
lo que es bueno para nosotros.

Así es que empieza ahora mismo.
Tendrás que trabajar
muy duramente.
Tendrás que vencer
muchos obstáculos.
Tendrás que encarar
el juicio de mucha gente
y tendrás que superar
sus prejuicios.
Pero podrás obtener
lo que quieras
si lo intentas con suficiente fuerza.

Así es que empieza ahora mismo y
vivirás una vida diseñada
por ti y para ti
y te encantará
tu vida.

— Susan Polis Schutz

Puedes hacer
todo lo que te propongas

No hay tarea,
grande o pequeña,
que no se pueda terminar
si te lo
propones.
Recuerda siempre
que eres tan fuerte
como
te lo permitas.

Cuando alguien diga "derrota,"
piensa éxito;
cuando alguien diga "perder,"
piensa ganar;
cuando alguien diga "no puedo,"
piensa sí puedo;
y si alguien te dice alguna vez
"no lo lograrás"
respóndeles: con toda seguridad,
sí lo lograré.

— Beth Fagan Quinn

No dejes de creer en tus fuerzas

Ciertos días al levantarte,
acaso descubrirás que todo
parece diferente de lo que esperabas.
En tales días deberás decirte
que el futuro será mucho mejor.
A veces sentirás desilusión
con algunas personas.
Pero precisamente en esos momentos
tienes que decirte que debes confiar
en tus criterios y en tus opiniones,
que debes concentrar tu energía
en la fe que tienes en tus fuerzas
y en las grandes cosas que podrás lograr.
Habrá obstáculos en el sendero
y cambios necesarios en tu vida,
que te toca aceptar.

Nunca vaciles al seguir el rumbo
del camino justo que has elegido.
Habrá dificultades muchas veces,
pero es precisamente en la lucha
que puedes descubrir la fortaleza
de tu propio ser,
y entonces sentirás que creces
hasta llegar a ser exactamente
la persona que siempre has querido.

La vida es un viaje a través del tiempo
con muchas tentaciones y desvíos;
cada persona es un mundo aparte
y ve las cosas de su propio modo,
así que en esos días
llenos de frustraciones
y arduas tareas, hay que recordar
no perder confianza en tus propias fuerzas
y en todas las promesas de la vida,
porque los retos y los cambios
te ayudarán a buscar y descubrir
los sueños que tu corazón anhela
y que podrán hacerse realidad.

— Deanna Beisser

Haz siempre
lo que dicta tu instinto,
pues tu sabiduría
es singular

Deja la compasión y la bondad
guiarte en la vida
  y mostrarte el camino.
No pierdas nunca tu sentido del humor
  pues es maravilloso.
No tomes muy en serio las vicisitudes
  y verás tu cielo despejarse.
Guárdate de la envidia y el sarcasmo
  pues son mortales.
Haz siempre lo que dicta tu instinto,
  y todos gozarán de tus talentos.
Busca amigos que sepan amarte,
  que te aprecien tal como eres,
y que te ayuden a volverte aún mejor.
No dejes de seguir tus ambiciones,
  ni de anhelar la perfección,
pues tu sabiduría es singular.

— Bill Cross

Consejos
que siempre te ayudarán a
sobrellevar las dificultades

No dejes nunca de soñar;
   tus sueños son parte esencial de tu persona.
Haz todo lo que esté en tus manos para convertirlos
   en realidad mediante el rumbo que des a tu vida,
      con tus planes
         y tus acciones.
No te detengas demasiado en los errores pasados,
   deja atrás el ayer, junto con
      sus problemas, preocupaciones y dudas.
Comprende que no puedes cambiar el pasado,
   pero sí puedes hacer algo sobre el futuro
      que se encuentra ante ti.

No trates de lograrlo todo de una vez;
  la vida puede tener momentos difíciles y no es
    necesario añadir frustraciones a esta lista.
Avanza dando pasos de uno en uno, y trata
  de lograr una meta a la vez. De esa manera
    descubrirás lo que es un verdadero logro.
No tengas miedo de hacer lo imposible,
  aun cuando los demás no piensen que lo puedes lograr.
Recuerda que la historia está repleta de logros
  increíbles alcanzados por aquellos que fueron
    bastante locos para creer en sí mismos.
No te olvides que en ti se encierran
  cualidades extraordinarias, singulares
    y únicas.
Y recuerda que si buscas en tu interior
  y encuentras una sonrisa... esa sonrisa
    será siempre el reflejo
      de la opinión que la gente tiene de ti.

— Collin McCarty

Esta es tu vida

Esta es tu vida.
Ten confianza en ti.
Usa el poder
de escoger lo que deseas hacer
y hazlo bien.
Usa el poder
de amar lo que deseas en la vida
y ámalo con fidelidad.
Usa el poder
de caminar en un bosque
y ser parte de la naturaleza.
Usa el poder
de controlar tu propia vida.
Nadie puede hacerlo por ti.
Nada es demasiado bueno para ti.
Tú mereces lo mejor.
Usa el poder
de hacer que tu vida sea
sana,
emocionante,
completa
y muy feliz.
Usa el poder de crear
tus propios sueños
y convertirlos en realidad.

— Susan Polis Schutz

Vive tus días con amor

La vida es un proceso constante
de crecimiento y cambio.
Cada día es un milagro rebosante
de nuevos descubrimientos
y desafíos.
Algunos días también acarrean
dolor y desengaños,
pero éstos, también representan desafíos,
y a medida que creces y te transformas,
aprendes a encararlos
más fácilmente.

Envejecer significa crecer
en experiencia,
crecer en valor y
comprensión,
crecer en amor,
y crecer en fortaleza.
Envejecer significa transformar
tu vida para que tenga sentido
para ti,
cambiar tu actitud
y mantenerte flexible ante
el vivir diario.

La vida mejora con cada día que pasa
siempre y cuando
demuestres una actitud positiva.

Reflexiona sobre
    todo aquello
que amas en la vida,
sigue en contacto con
    tus seres queridos y tus amigos,
y sigue los impulsos de
    tu corazón.
El mañana siempre te traerá
cosas buenas si
vives tus días con amor.

— Donna Levine

18 maneras de ser
más feliz
cada día de tu vida

Todos los días...
Intercambia una palabra amable con un amigo.
Regala una sonrisa.
Revela un secreto.
Escucha lo que alguien trata de decir.
Escucha de corazón
    lo que alguien no puede expresar.
Intenta algo nuevo.
Perdona a alguien que te haya herido.
Perdónate tus errores pasados.
Date cuenta de tus imperfecciones.
Descubre tus posibilidades.
Haz un nuevo amigo.
Acepta la responsabilidad
    de todo lo que haces.
Rechaza la responsabilidad
    de las acciones de los demás.
Sueña un sueño.
Contempla la puesta de sol.
Valora lo que tienes.
Valora lo que eres.
Ama tu vida.

— Vickie M. Worsham

"Para este día"

Quiero que comiences este día de nuevo, con la intención de convertirte en la persona que te gustaría ser. Hoy quiero que reserves tiempo para ti...para planificar, para soñar, para ser sincera contigo misma. Ojalá llegues a conocer mejor a la persona maravillosa que eres.

Hoy quiero que experimientes algo nuevo. Quiero que aprendas algo del mundo que te rodea: de las palabras que lees, de los sonidos que oyes, de las sensaciones que percibes por el tacto, de las caras que ves. Incluso durante el transcurso de tus tareas diarias, ojalá trates de buscar una perspectiva nueva, ojalá te inclines hacia la comprensión y conviertas lo ordinario en extraordinario. Elabora tu propia felicidad... una felicidad duradera.

Quiero que pienses en tus amigos y seres queridos y que te reconforte el saber que ellos te reservan un lugar especial en su corazón. Ojalá des gracias sinceras por la salida del sol y las sonrisas, así como por los dificultades y los sufrimientos que han contribuido a hacer de ti la persona que eres hoy día.

Te deseo la clase de intuición que te permite saber con qué naturalidad llega la alegría a los que tienen los ojos bien abiertos para preverla. Te deseo el descubrimiento que, curiosamente, hacer algo por los demás es también hacerlo por uno mismo.

Te deseo el placer de recordar que tener sentido del humor ayuda a sobrevivir y que, aun cuando todo sale mal, resulta mucho más remunerador sentirse simplemente feliz de formar parte de este momento en el tiempo. Te deseo el sencillo placer de vivir.

Ojalá escuches tu voz interior y cumplas sus instrucciones lo mejor posible. Para hoy, te deseo un poco de aprendizaje para tu mente, tanto amor como pueda guardar tu corazón, alimento y ejercicio para tu cuerpo y la capacidad de apreciar la belleza que existe en el mundo... para deleite de tu alma.

Hoy, quiero que pienses en el pasado solamente lo suficiente para aprender del mismo. Y espero que eches un vistazo al futuro solamente para vislumbrar un sueño fugaz que esperas se vuelva realidad. Hoy es tu día. Tu momento en el tiempo. ¡Aprovéchalo!

— Collin McCarty

La manera en que vives hoy
afectará todos tus mañanas.
Recuerda que tomar
el camino equivocado
es parte del trayecto,
y encontrar de nuevo el sendero
es un desafío.
Recuerda que si guardas el amor
cerca de tu corazón,
nunca te encontrarás lejos del hogar.
Tropezarás con esperanzas sin realizar,
promesas perdidas, lágrimas,
y momentos de desesperación.
Recuerda, sin embargo,
dar gracias por el sol
y descubrir esperanza en el arco iris.
Recuerda reír desde lo más profundo de tu alma
y aferrarte siempre a tus sueños.

— Bernadette Garzarelli

Un credo para todos

El mundo fue creado
para ser hermoso,
pero a veces las acciones cotidianas
nos inmovilizan,
y nos olvidamos por completo de ello,
y nos olvidamos por completo que
lo que realmente importa
son las cosas básicas y sencillas de la vida,
las emociones puras y sinceras
rodeadas de la majestuosa belleza
   de la naturaleza.
Necesitamos concentrarnos en
el espíritu de libertad y paz de la naturaleza
y no en los aspectos materiales
   de la vida.
Necesitamos respirar el aire fresco
después de la lluvia
y apreciar lo bueno de las cosas.

Cada uno de nosotros debe ser responsable
  y contribuir
a la conservación de
  nuestro hermoso mundo:
los saltos de agua, los océanos, las montañas,
los grandes peñascos grises,
las extensas granjas verdes,
las esponjosas nubes rosadas,
la salida y la puesta del sol, las mariquitas,
el arco iris, el rocío, el colibrí,
las mariposas, el diente de león.
Necesitamos recordar que
estamos aquí muy poco tiempo
y cada día que pasa
  debe valer por algo,
y cada día que pasa
  debemos dar gracias
por toda la belleza natural.
El mundo es un lugar maravilloso
y somos muy afortunados de ocupar un lugar
  en el mismo.

— Susan Polis Schutz

Tienes mucho que aportar
al mundo

No se trata de cuánto
puedes lograr en la vida,
sino de cuánto puedes dar a los demás.
Lo importante no es lo elevado
de tus sueños,
sino a qué altura puede escalar tu fe.
Lo importante no es la cantidad de metas
que puedes alcanzar,
sino el número de vidas que has influido.
Lo importante no es a quién conoces,
sino quién eres tú interiormente.

Cree en lo imposible,
aférrate a lo increíble,
y vive cada día al máximo.
Tienes mucho que aportar al mundo.

— Rebecca Barlow Jordan

Siéntete orgulloso de ser quien eres

Orgullo es amarte a ti mismo por ser quien eres
y por lo que vas a llegar a ser;
es el reconocimiento discreto de
tus virtudes y tus defectos,
el respeto a ti mismo porque
eres un ser humano singular.
Orgullo es amar las cosas que haces
y hacer lo que sea necesario para hacerlas bien;
es preocuparte de los pequeños detalles
y dedicarles el tiempo necesario.
Orgullo es saber que tienes el valor
de resistir las presiones
y desengaños de la vida;
es comportarte con dignidad frente
a las situaciones difíciles
y mantener tu autoestima
aun cuando las cosas no vayan bien.

Orgullo es tener la capacidad de reírte de ti mismo,
de reconocer que tus errores
son solamente los escalones hacia el éxito.
Orgullo es amar el mundo que te rodea
y echar una mano con entusiasmo
a alguien que necesita un amigo;
es hablar y pensar
en todo lo bueno que ves,
dar ánimos cuando puedas,
y escuchar a los que te rodean.
Orgullo es sentirte bien contigo mismo
y hacer las cosas que te aportan felicidad.
Es estar interesado y entusiasmado con la vida;
es darte de lleno a la vida
y aceptar lo mejor que la vida te reserva.

— Donna Levine

No temas jamás
ser tu misma

En un mundo de comparaciones
y conformidad,
preséntate tal como eres.
Haz honor a tu propia verdad.
Ten el valor de ser tú misma;
arriésgate a comunicar tus pensamientos
y a afirmar tus emociones.
Comparte tus debilidades,
tus temores, tus dudas e inseguridades;
deja que los demás te conozcan como eres.
Ten el valor de ser tú misma,
y de reconocer que eres
una persona maravillosa.

— Diane Holcomb

La vida es tan hermosa
como quieras hacerla

Vive siempre tu vida al máximo.
Disfruta de la risa, acaricia una estrella.
Sonríe hoy
y brilla en todos tus mañanas.
Abre el corazón a los extraños;
el destino te tiene reservados nuevos amigos.
Aventúrate, conquista lo inconquistable.
Mira allí donde los demás no quieren mirar,
y cuestiona todo lo cuestionable.
Recuerda que la felicidad es el hogar
que construimos en nuestro interior.
Expresa lo que piensas.
Escucha una sinfonía en el silencio.
Abre tu corazón.
Desafía el mañana
y atesora el pasado.
Toma todo lo que puedas
de esta hermosa creación llamada vida.

— William J. Burrows

Promesa

Prométete que serás tan fuerte que nada pueda perturbar tu paz interior. Que enunciarás palabras rebosantes de salud, felicidad y prosperidad a todas las personas que encuentres. Que harás sentir a tus amigos que son algo especial. Que verás el lado positivo de todas las cosas y que convertirás en realidad tu optimismo. Que pensarás solamente lo mejor, que trabajarás solamente en aras de lo mejor y que esperarás solamente lo mejor. Que te sentirás tan entusiasmado con el éxito de los demás como con el tuyo propio. Que olvidarás los errores del pasado y avanzarás hacia los grandes logros del futuro. Que pondrás buena cara en todo momento y que brindarás una sonrisa a todos los seres que te encuentres en el camino. Que dedicarás tanto tiempo a mejorarte a ti mismo que no tendrás tiempo de criticar a los demás. Que serás tan generoso que no quepa en ti la preocupación, tan noble que no quepa en ti la ira, tan fuerte que no quepa en ti el miedo y tan feliz que no quepa en ti la presencia de conflictos.

— Christian D. Larson

No importa que temporal se avecina, tú sigue brillando como el sol

Todos sabemos que
no importa el temporal
que se avecina,
el sol sigue brillando.
No importa cuántas veces dejamos
de ver sus rayos, pues
el sol volverá a aparecer otro día
para brillar con más fulgor.
Se necesita determinación
para sobrevivir los nubarrones
que a veces oscurecen tu vida,
y paciencia para seguir brillando
sin importar lo que se viene encima.
Pero a la larga ese esfuerzo merece la pena.
Uno de estos días,
cuando menos lo esperes,
superarás todas tus dificultades,
porque tú y el sol
tienen mucho en común:
ambos van a seguir brillando
a pesar de todo.

— Barbara J. Hall

Paciencia

Paciencia es aprender a esperar
cuando realmente no quieres.
Es descubrir algo que te gusta hacer
mientras estás esperando,
y disfrutar tanto de
lo que estás haciendo que
te olvidas que estás esperando.
Paciencia es dedicar tiempo a diario
a soñar tus propios sueños
y desarrollar la confianza en ti misma
para convertir tus sueños en realidad.
Paciencia es ser buena contigo misma
y tener la fe necesaria para aferrarte a tus sueños,
aun cuando pasan días sin poder ver
de qué manera se harán realidad.
Paciencia es amar a los demás
aun cuando te decepcionan
y no los comprendes.
Es saber renunciar
y aceptar a los demás tal y como son
y perdonarlos por lo que hayan hecho.

Paciencia es amarte a ti misma
y darte tiempo para crecer;
es hacer cosas que te mantienen
sana y feliz,
y es saber que mereces
lo mejor de la vida
y que estás dispuesta a conseguirlo,
sin importar cuánto tiempo sea necesario.
Paciencia es estar dispuesta a enfrentarte
a los desafíos que te ofrezca la vida,
sabiendo que la vida también te ha dado
la fuerza y el valor para resistir y
encarar cada desafío.
Paciencia es la capacidad de
continuar amando y riendo
sin importar las circunstancias,
porque reconoces que, con el tiempo,
esas circunstancias cambiarán,
y el amor y la risa
dan un profundo significado a la vida
y te brindan la determinación
de continuar teniendo paciencia.

— Donna Levine

La vida no es siempre fácil

La vida, a veces, puede ser injusta,
y en esos momentos
hay que mantener la fe
y no renunciar.
Especialmente durante los momentos difíciles
debes vivir tu vida
al máximo.
Esos son los momentos propicios para triunfar
sobre las circunstancias,
con esperanza y con valor.
La vida no es siempre fácil,
pero si continuas avanzando y perseverando
hasta dar lo mejor de ti,
ganarás fuerzas para encarar
los desafíos que se presenten.
Cada meta que alcances
es otro paso importante hacia adelante.
Ten confianza en los
días luminosos y maravillosos
que se encuentran ante ti
y que tú, sin duda, descubrirás.

— Mary A. Rothman

Valor

Valor es la fortaleza de
mantenerse en pie cuando es
más fácil dejarse caer.
Es la convicción
de explorar nuevos horizontes
cuando es más fácil
creer lo que se nos ha dicho.

Valor es el deseo de mantener
nuestra integridad cuando es más fácil
mirar hacia otro lado.
Es sentirse contento y vivaz
cuando es más fácil sentir
lástima de uno mismo.

Valor es la voluntad de formar
nuestro mundo cuando es más fácil
dejar que alguien lo haga por nosotros.
Es reconocer
que nadie es perfecto,
cuando es más fácil criticar a los demás.

Valor es dar un paso adelante
y guiar cuando es más fácil
seguir a la multitud.
Es el espíritu que te coloca
en la cima de la montaña
cuando es más fácil
no abandonar nunca el suelo que pisas.

Valor es la libertad
de nuestra mente, nuestro cuerpo y nuestra alma.

— John Carzello

Aférrate a lo que realmente importa en la vida

Aférrate a la fe porque es la fuente de la creencia de que todo es posible. Es la fibra y la fortaleza de un alma confiada.

Aférrate a la esperanza porque destierra la duda y da lugar a actitudes positivas y alegres.

Aférrate a la confianza porque se encuentra en el corazón de las relaciones fructíferas que son seguras y satisfechas.

Aférrate al amor porque es el don más preciado de la vida, porque es generoso, se preocupa y da significado a la vida.

Aférrate a la familia y a los amigos porque son las personas más importantes en tu vida y porque hacen del mundo un lugar mejor. Ellos son tus raíces y la semilla de la cual creciste; son la vida que ha crecido con el tiempo para alimentarte, ayudarte a seguir tu camino y permanecer siempre cerca de ti.

Aférrate a todo lo que eres y a todo lo que has aprendido, porque esto es lo que te convierte en un ser singular. No menosprecies lo que sientes y lo que crees que es bueno e importante; tu corazón te habla con más fuerza que tu mente.

Aférrate a tus sueños, alcánzalos de manera diligente y honrada. No tomes nunca el camino más fácil ni te rindas antes el engaño. Recuerda a otros en tu camino y dedica tiempo para atender sus necesidades. Disfruta de la belleza que te rodea. Ten valor para ver las cosas de manera diferente y más clara. Haz del mundo un lugar mejor día a día y no te olvides de las cosas importantes que dan significado a tu vida.

— Kelly D. Caron

La esperanza no es fingir
que no existen los problemas.
Es la confianza
de saber que estos no son eternos,
que las heridas curarán
   y las dificultades se superarán.
Es tener fe
en una fuente de fortaleza y renovación
   en nuestro interior,
que nos guiará desde la oscuridad
   hacia la luz.

— Elizabeth A. Chase

El verdadero secreto de la felicidad

Todos los días ten
algo que hacer
o algún lugar donde ir.
Todos los días ten
alguien a quien llamar,
alguien a quien ver,
alguien a quien amar.
Pero lo más importante,
todos los días ten
algo que dar
a alguien.

— Natasha Josefowitz

Da gracias por todos
los dones recibidos

Confía en tu capacidad innata
para convertirte en todo
lo que eres capaz de convertirte.

Olvídate de los problemas que ya no importan,
las lágrimas ya agotadas,
y las preocupaciones que se llevará
    mañana la marea.

Determina tu propio valor
por ti misma,
y no dependas
del juicio de los demás.

Enseña a amar
    a los que conocen el odio.

Atrévete a soñar,
y vivir esos sueños,
porque es en tus sueños
donde puedes empezar a conocer
tu propio destino.
Vive con un espíritu vivo,
con alegría y asombro
ante todos los dones
que has recibido.

— Debbi Oehman

Todo lo bueno
mejora con el tiempo

Como la sabiduría transmitida
  a lo largo de los años.
Y los árboles que
  crecen asombrosamente.
Como el vino que envejece delicadamente.
Y los ríos que fluyen.

Como los recuerdos que siguen mejorando.
Y los lazos entre amigos.
Como la felicidad y la serenidad.
Y el amor que nunca acaba.

Todo lo bueno mejora con el tiempo.
Con cualidades cada vez más queridas.
Como las personas que eran especiales
  desde un principio.
Y continúan mejorando con el transcurso de los años.

— Casey Whilson

Puedes lograr todo
lo que te propongas

Trata de verte como eres realmente:
poderosa, sensible, determinada,
   y gentil.
Trata de verte logrando todo
   lo que decidas lograr
y siendo exactamente
quien eres y lo que deseas ser.

Trata de verte próspera
y conquistando todos los límites.
Trata de verte como eres realmente
y de lo que eres capaz:
alguien que puede lograr todo lo que se propone.

— Lea Marie Tomlyn

Da siempre lo mejor de ti

Encuentra tu fuerza. Busca esa sonrisa que lo alegra todo. Resiste, aun cuando resulte más fácil decirlo que hacerlo. Ten fe.

No te des por vencida. Llega a un compromiso...entre tu determinación, tus esperanzas y tu corazón...que tu propio sol va a brillar de nuevo. Vive tu vida día a día y las cosas mejorarán con el tiempo.

Encuentra tu camino a lo largo de los días con la luz que brilla en tu interior. Deja una sonrisa allí donde no había ninguna. Consuela una pena; alivia un dolor. Encuentra la fuerza para enderezar de nuevo la situación.

Avanza, paso a paso. Cada vez un poco más lejos. Si crees que puedes, entonces sí lo lograrás. Escucha con más frecuencia lo que te dice el corazón. Haz las cosas que son importantes para ti.

Haz del día de hoy todo lo que soñaste que podía ser. No te conformes con menos. Utiliza las horas preciosas que has recibido de la manera más sabia. Da siempre lo mejor de ti.

— Chris Gallatin

Descubre la felicidad
en todo lo que hagas

Tienes que escoger con cuidado tus metas.
Saber lo que te gusta
y lo que no te gusta.
Sé crítica acerca de
lo que puedes hacer bien
y de lo que no puedes hacer bien.
Escoge una carrera o una forma de vida
que te interese
y trabaja duro para que sea un éxito.
Acepta una relación con otro
que sea digna de todo
lo que física y mentalmente
eres capaz de ser y de hacer.

Sé honesta con la gente
ayuda si puedes
pero no dependas de nadie
para que la vida
te sea más fácil o más feliz.
Nadie podrá hacer eso por ti.
Lucha por lograr cuanto quieras.
Descubre la felicidad
en todo lo que hagas.
Ama con todo tu ser.
Ama con un alma desinhibida.
Haz un triunfo
de cada aspecto
de tu vida.

— Susan Polis Schutz

Dentro de ti reside la fuerza para encarar los desafíos de la vida

Eres más fuerte de lo que piensas,
 recuerda mantenerte firme.
Cada desafío en tu vida
 te ayuda a crecer.
Cada problema que encuentres
 fortalece tu mente y tu alma.
Cada peligro que superes
 aumenta tu comprensión de la vida.
Cuando te encuentres abrumado
 por todos tus problemas,
recuerda que debajo de ese peso
 te mantienes firme,
porque nunca te dan
 más de lo que puedas soportar
y eres más fuerte
 de lo que piensas.

— Lisa Wroble

Recuerda estas palabras...

No abandones la esperanza.
La esperanza te da la fuerza
　　para seguir adelante
cuando sientas que ya nada te importa.
Nunca dejes de creer en ti.
Mientras creas que puedes lograrlo,
tendrás un motivo para intentarlo.
No dejes que nadie retenga tu felicidad
　　en sus manos;
sujétala en las tuyas,
para que siempre esté cerca de ti.
No esperes que lo que deseas
　　venga a ti.
Búscalo con toda tu alma,
sabiendo que la vida te encontrará
　　a la mitad del camino.

No sientas que has perdido
cuando tus planes y sueños no alcanzan
    a cumplir tus anhelos.
Cada vez que aprendes algo nuevo
sobre ti o sobre la vida,
    has avanzado.
No hagas nada que disminuya
    tu propio respeto.
El estar satisfecho con uno mismo
es esencial para estar satisfecho con la vida.
Nunca te olvides de reír
ni dejes que el orgullo te impida llorar.
Cuando reímos y lloramos
es cuando vivimos a plenitud.

— Nancye Sims

Día a día

Día a día,
ya es bastante.
No vuelvas la cabeza
y llores por
el pasado,
porque ya no existe,
y no te preocupes
por el futuro,
porque todavía no ha llegado.
Vive el presente,
y hazlo tan hermoso
que merezca la pena
recordarlo.

— Ida Scott Taylor

RECONOCIMIENTOS

Agradecemos la autorización otorgada por los siguientes autores para reproducir sus obras:

Beth Fagan Quinn por "Puedes hacer todo lo que te propongas." Derechos de autor © Beth Fagan Quinn, 1993. Todos los derechos reservados. Reproducido con autorización.

Vickie M. Worsham por "18 maneras de ser más feliz cada día de tu vida." Derechos de autor © Vickie M. Worsham, 1993. Todos los derechos reservados. Reproducido con autorización.

Donna Levine por "Siéntete orgulloso de ser quien eres" y "Paciencia." Derechos de autor © Donna Levine, 1993. Todos los derechos reservados. Reproducido con autorización.

Diane Holcomb por "No temas jamás ser tu misma." Derechos de autor © Diane Holcomb, 1993. Todos los derechos reservados. Reproducido con autorización.

William J. Burrows por "La vida es tan hermosa como quieras hacerla." Derechos de autor © William J. Burrows, 1993. Todos los derechos reservados. Reproducido con autorización.

John Carzello por "Valor." Derechos de autor © John Carzello, 1993. Todos los derechos reservados. Reproducido con autorización.

Kelly D. Caron por "Aférrate a lo que realmente importa en la vida." Derechos de autor © Kelly D. Caron, 1993. Todos los derechos reservados. Reproducido con autorización.

Elizabeth A. Chase por "La esperanza...." Derechos de autor © Elizabeth A. Chase, 1993. Todos los derechos reservados. Reproducido con autorización.

Natasha Josefowitz por "El verdadero secreto de la felicidad." Derechos de autor © Natasha Josefowitz, 1991. Todos los derechos reservados. Reproducido con autorización.

Se ha hecho un gran esfuerzo para determinar la propriedad literaria de los poemas incluidos en esta antología a fin de obtener la autorización de reproducción de los materiales amparados bajo propiedad literaria y dar el crédito adecuado a dichos autores.

Cualquier error u omisión es totalmente involuntario y desearíamos hacer las correcciones pertinentes en futuras ediciones siempre que se envíe notificación por escrito a la editorial:

BLUE MOUNTAIN PRESS, INC., P.O. Box 4549, Boulder, Colorado 80306.